いつもにっこりとハグして迎えてくれる
ドネガン小学校の子どもたちのために

もくじ

保護者や学校の先生、子どもたちの支援に携わる方へ ……… vii

はじめに ……………………………… ix

1 気持ちを落ち着かせよう

17 集中しよう

33 イメージしよう

49
元気を出そう

65
リラックスしよう

まとめ ……………………… 81
訳者あとがき ……………… 83

保護者や学校の先生、子どもたちの支援に携わる方へ

「もう少し子どもが落ち着くにはどうしたらいいのかな」と思ったことはありませんか。

「子どもの集中力や意欲を引き出してあげるにはどうしたらいいのかな」と思ったことはありませんか。

マインドフルネスは、「今、この時間を充実させる」ことで、その願いをかなえる方法です。子どもたちは、呼吸を通じて体をコントロールし、いつでもどこでも今の自分の気持ちに気づいたり、やる気を出せるようになります。

この本を読めば、このマインドフルネスをどのように教えればいいかがわかります。しかも、この本のエクササイズは簡単で楽しいものばかりですので、子どもたちが大きくなっても続けることができます。

マインドフルネスのエクササイズを続ければ、子どもたちはがまん強くなって、人とうまく付き合えるようになりますし、よく眠れるようになり、自分に自信がもてるようになります。また、いいことはそれだけではありません。集中力がアップしますし、不安を感じたり落ち込むことも少なくなって、学力も高まります。

子どもがそばにいないときは、自分でもこのエクササイズをやってみてください。とても覚えやすく、楽しいものばかりです。
　そして、この本の優れたところは、どこででもできることです。車の中でも、教室でも家の中でも、サッカー場にいてさえも！
　この本のエクササイズを何度もくり返すと、大人でも心が落ち着いて、集中できるようになり、意欲的になっていきます。

ミッシェル・ケルシー・ミッチェル
ヨーキッドおよびナショナル・キッズ・ヨガ連盟 共同創立者

はじめに

　何かのきっかけで、体が反応して調子が悪くなったりする前に、ちょっと間をおいてから深呼吸をすると、落ち着いてきます。保護者の方や先生方なら十分にご承知のことと思います。子どもたちが幼いころに、そのようなコントロールのやり方を教えてあげることができたら、とてもすばらしいことでしょう。

　子どもたちは、厳しい社会の中で、大人になっていきます。毎日毎日、やらなければいけないことはいっぱいあります。そのことでストレスを感じたり、不安になったりすることも多いでしょう。新しい科学技術にも対処していかなければなりません。うまくいかないことも多いでしょう。

　この本で紹介するマインドフルネスは、楽しく簡単にできます。マインドフルネスによって、子どもたちの注意力や集中力が高まり、不安が少なくなっていきます。想像力をのばしていくために、「今の気分を雲でいうと、どんな雲でしょう」といったイメージも活用します。子どもたちは、その年齢に応じた感じ方で、楽しく自分の気持ちに気づくことができるでしょう。

　この本の中のエクササイズをいくつか身につけ、いつでもどこでもやってみましょう。

「1、2、3で拍手」は毎朝やると元気が出ますし、「今日やること」は、これからがんばろうとする意欲がわいてきます。「ロウソクの火をふき消そう」はベッドで眠る前にやってみるといいでしょう。「嵐」は、学校の授業の前にやると集中力が高まり、「素敵なことばを贈ろう」は、思いやりの心を育てます。

　大人と子どもたちが一緒にこれらのマインドフルネスエクササイズをやっていけば、得られるものはたくさんあるでしょう。むずかしいことを考える必要はありませんし、瞑想用の座布団やチャイムやお香なども要りません。子どもたちに対し、「マインドフルネスはなぜいいのか」などというような長い説明も要りません。ことばは簡潔で少ないほうがいいでしょう。

　まずは、やってみてください。そして、心と体に生まれてくるものを感じてください。

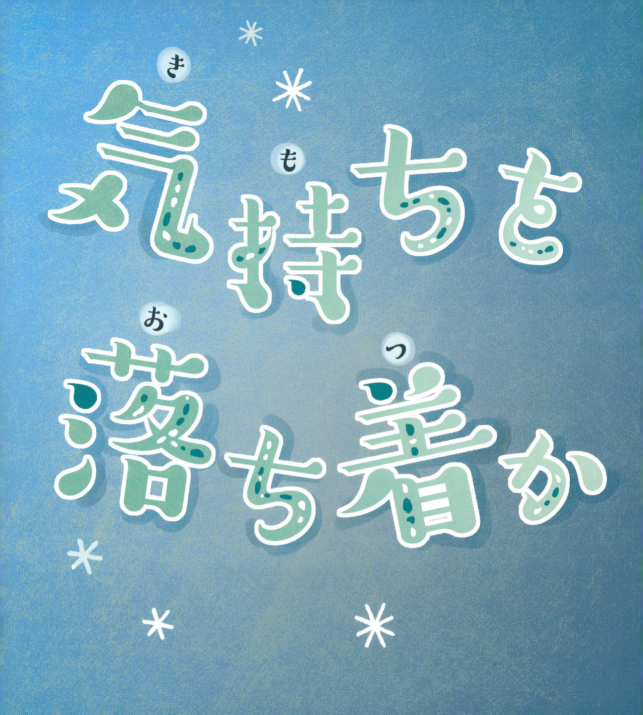
気持ちを落ち着か

せよう

ロウソクの火をふき消そう	5
ココアを飲もう	6
きれいな花	8
「1、2、3、4、5」	11
冬眠クマさん	12
好きな色	14

今までに興奮したり、
イライラしたりしてしまったことはないかな。
なかなか気持ちが落ち着かないこともあるかもしれないね。

そんなとき、これから紹介するエクササイズなら、
簡単で楽しいから、
心も体もゆったりと落ち着けるようになるよ。

気に入ったものを何回かやってみよう。
目を閉じてやるといいよ。
始める前は、背すじをのばしてまっすぐに座って、
体を動かさないようにするんだ。

ロウソクの火をふき消そう

ロウソクを持っているって想像できるかな。

長く息を吸いこんで、
ロウソクの火にゆっくり、ゆっくり息をふきかけよう。

炎がゆらゆらとゆれるように、ゆっくりゆっくりふきかけるんだ。
ふき消さないようにね！

息を長く吸って。ゆっくり吐いて。

長く吸って。ゆっくり吐いて。

今度は、長く吸ってから、ロウソクをふき消してしまおう。

フーーーッ

ココアを飲もう

あったかいココアが入ったカップを持っているって
想像できるかな。
そのココアは、とても熱くて飲めないから、
冷まさないといけないんだ。

カップを口に近づけて、
息を長く吸いこもう。
そのあと、息をゆっくり吐いて
ココアを冷まそう。

もう一度、
息を長く吸いこんで、
ゆっくり吐いていくんだ。

ココアをひと口飲んで、
「う〜〜〜〜ん、おいしい」と
言ってみて。

「う〜〜〜〜ん」はできるだけ
長く言うんだよ。

もう一回。

ひと口飲んで、「う〜〜〜〜〜〜〜〜ん」。

カップを置いて、息を長く吸いこもう。
そのあと、息を全部吐いてしまおうね。

あぁ、おいしい！

きれいな花

目の前にお花があるって想像できるかな。
今までに見た中で、一番きれいなお花だよ。

その花はどんな色をしているかな。

どんなにおいがするかな。

そのにおいを鼻から吸いこんで、ゆっくりかいでみよう。
そのあと、口から息を吐くんだ。

もう一度やってみよう。
ゆっくりにおいをかいで。そして口から息を吐くよ。

さらにもう一度息を長く吸いこんで。
そして、そのあと息は全部吐いてしまおうね。

「1、2、3、4、5」

「5つ数えよう」ということばを聞いたことがあるかな。

今やっていることを、
少しの間やめようという意味なんだ。
気持ちを落ち着かせるには、とってもいいやり方なんだよ。

息を吸って、心の中でゆっくり
「1、2、3、4、5」と数えてごらん。

そして、今度は息を吐きながら、また心の中でゆっくり
「1、2、3、4、5」と数えてみるんだ。

もう一度やってみよう。
息を吸って「1、2、3、4、5」。

息を吐いて「1、2、3、4、5」。

イライラしたときには、
この「1、2、3、4、5」をやってみよう。
ゆったりと落ち着くことができるよ。

冬眠クマさん

冬眠中のクマさんになってみよう。

冬眠中のクマさんは、
ゆっくりゆっくり呼吸しているんだ。
息を鼻から吸ったり吐いたりしてね。

鼻から息を長く吸いこんで、
そのあと、息を吐き出そう。
全部吐き出すんだよ。

もう一度、息を長く吸いこんで、
また全部吐き出してしまおう。

ほらあなにいるクマさんになったみたいに、
とってもほんわかとして
ホッとした気持ちになってくるよ。

今度はもっともっと長く息を吸いこんで。
そのあとはまた、全部吐いてしまおうね。

好きな色

きみの好きな色は何色かな。

青？　紫？　オレンジ？　赤？
それともほかの色？

体の中に、その好きな色の小さなボールがあるって想像してごらん。

そのボールは胸のところにあるのかもしれないし、
おなかの中にあるのかもしれない。

大
おお
きく息
いき
を吸
す
って、
そのボールをもっともっと大
おお
きくしてみよう。
そうすると、ボールがきみの体
からだ
をすっぽりと包
つつ
みこんでしまうんだ。

大
だい
好
す
きな色
いろ
に囲
かこ
まれているって想像
そうぞう
してみよう。
すると、とってもあったかくて、いい気
き
持
も
ちになってくるよ。

そうしたら、息
いき
をゆっくりと長
なが
く吸
す
いこんで。
そのあとは、息
いき
を全部
ぜんぶ
吐
は
いてしまおうね。

しょう

嵐 (あらし)	20
ヘビの呼吸 (こきゅう)	22
池の波 (いけ なみ)	24
ハチになろう	26
耳をすませよう (みみ)	28
体の中を空気が通っていく様子 (からだ なか くうき とお ようす)	31

集中するってむずかしいよね。
ほかのことに気を散らさないで、
ひとつのことに集中するのは簡単じゃないよね。

でも、これから紹介するエクササイズをすれば、
どんどん集中できるようになっていくよ。
エクササイズは楽しくて、すぐにできるものばかりだよ。

始める前に、背すじをのばしてまっすぐに座り、深呼吸をしよう。

集中したいと思ったときはいつでも
気に入ったエクササイズをやってみたらいいよ。

嵐
あらし

う〜ん、雨かもしれないな。

風の音が強くなっていくように、
手をこすり合わせよう。

雨が降りはじめるように、
ひざを両手でゆっくりとトントンとたたこう。

速くたたいていると、どしゃ降りになってくるよ。
みんなびしょぬれになってしまうよ。

イナズマだ！両手を高く上げてたたこう。
カミナリだ！足をふみ鳴らそう。
イナズマだ！両手を高く上げてたたこう。
カミナリだ！足をふみ鳴らそう。
もう一度、ひざをトントンとたたこう。
うわー、雨だ！

たたくスピードをだんだん遅くしていこう。
雨がやんでいくように。

風の音が静かになるように、
ゆっくりと手をこすり合わせよう。

ゆっくり、ゆっくり。
そして手を止めよう。
あたりは、シーンとして静かになったね。

ヘビの呼吸

ヘビのような呼吸をやってみよう！

「う」の音を出すような口の形にできるかな。

その口から、空気が入ってくるように、
　息を吸いこもう。
　　　ストローの中を通っていくみたいにね。

　　　吸いこんだら、息を吐いていこう。
　　　　ヘビが「シュー」と音をたてるようにね。

　　　　　もう一度やってみよう。
　　　　　ストローの中を通って
　　　　　空気が入ってくるように、
　　　　　息を吸いこもう。

息を吐いていこう。
ヘビが「シューーーー」と音をたてるように。
そしてその音ができるだけ長く続くように。

もう一度やってみよう。
長く長く息を吸って、
そのあと、息を吐いていくんだ。

シュ――――― と。

背すじをのばしてまっすぐに座り、息を長く吸いこもう。
そのあと、息は全部吐いてしまおうね。

池の波

公園の池の前にいる。
そんな様子を想像してごらん。

水面はガラスのように平らで静かだよ。

そこに石を投げてみよう。

石が水面に当たると
小さな波ができるよね。

心の中で、その波がずっと遠くまで広がっていって、
だんだんと小さくなっていく様子を想像してごらん。

波がなくなって、すっかりもとの静かな池になって
いくのを想像してごらん。

息を長く吸いこんで。
そのあと、ゆっくり全部吐き出してしまおうね。

ハチになろう

できるだけ背すじをのばして、まっすぐに座ろう。
そして、ハチになってみるんだ。

ひじを突き出して、ハチの羽をつくろう。

羽は、どの向きにでも動かせるよ。
パタパタと羽ばたいてごらん。

大きく息を吸って、
ブ───── と音を出しながら、吐いていこう。
できるだけ、長く長く、ブ───── と言うんだ。

ひじの羽を、グルグルと回してみよう。

できるかな。

次に、ひじの羽を反対にも
グルグルと回してみよう。

大きく息を吸って、
そのあと、ブ——————と吐き出そう。

ブ——————

羽ばたきながら、長く息を吸いこんで。
そのあと、ゆっくり吐き出して。
息は全部吐いてしまおうね。

耳をすませよう

背すじをのばしてまっすぐに座り、
息を長く吸いこもう。
そのあと、ゆっくりと全部吐いてしまうんだ。

耳をすませてごらん。

何か聞こえてくるかな。

しばらく目を閉じて、
じっと耳をすませてごらん。

まわりからどんな音が聞こえてくるかな。

さらにじっと耳をすますと、
何が聞こえてくるかな。

息を長く吸いこんで。
そのあと、息は全部吐いてしまおうね。

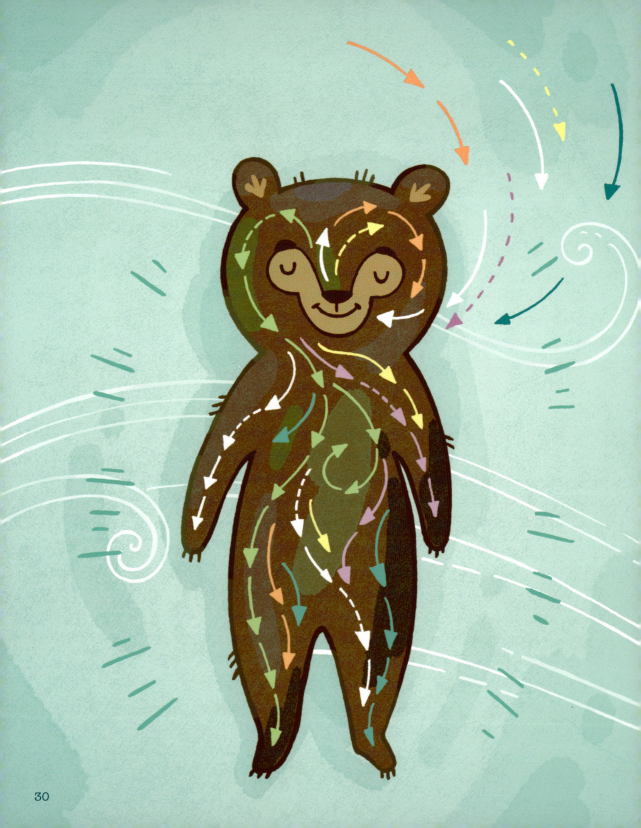

体の中を空気が通っていく様子

背すじをのばして、まっすぐに座ろう。
体をほんの少しゆすったあと、じっとして。

息を長く吸いこんだあと、ゆっくりと吐き出そう。
この呼吸をしばらく続けていくよ。

体の中の様子を感じてみよう。

鼻の穴の中を空気が通るのがわかるかな。
口の中はどうかな。

胸の中を空気が通っていく様子も感じてみよう。
おなかの中や左足の小指はどうかな。

吐き出すときは、どんなふうになるのかを感じてみよう。
空気が腕を通って、小指の先から出ていくよ。
そんな様子を感じることができるかな。

空気が体の中に入ってきて、また出ていく様子を感じてみよう。

息を吸って。息を吐いて。

息を吸って。息を吐いて。
体のどこを空気が通っているのかな。

もう一度、息を長く吸って。
そのあと、息は全部吐いてしまおうね。

雲(くも)になってみよう	36
思(おも)いやり	38
木(き)になってみよう	40
素敵(すてき)なことばを贈(おく)ろう	42
新(あたら)しいものを作(つく)ろう	44
今日(きょう)やること	46

イメージってすごいよ。
イメージの力を使えば、どこにでも行けるし、何にでもなれるよ。
そして、体を元気にすることだってできるんだ。

ここで紹介するのは、
イメージ力アップのための楽しいトレーニングだよ。

エクササイズをやっていけば、ほかの人にやさしくしたり、
親切にしたりできるようになるよ。
気に入ったやり方があったら、何回もやってごらん。

雲になってみよう

空にうかんでいる雲になってみよう。イメージできるかな。

どんな雲になってみたい？

白いわた雲かな？

それともどんよりとした灰色の雨雲？
もし雨雲になったのなら、はげしく雨を降らせてみよう。

へんてこな形のお菓子やシロクマのような雲かもしれない。

あるいは雪のかけらがいっぱいうかんだキラキラした雲かもしれないね。

どんな雲にもなれるよ。

息を長く吸って。
そしてそのあと、全部吐いてしまおうね。

思いやり

誰かにやさしくしてあげよう。
そのためにはどんなことをしてあげたら
いいのか、考えてみよう。

家でお手伝いをするのかな。

学校で、友達を助けてあげるのかな。

誰かにやさしくしてもらったことを
思い出してごらん。

そのときは、
どんな気持ちだったかな。

まだやっていない「思いやり」って
どんなことがあるかな。

もし今までやっていなくても、
これからやっていけばいいんだよ。

誰かを助けてあげたり、
やさしいことばをかけてあげよう。

誰にしてあげたらいいかな。

きみにできることは、
どんなことかな。

木になってみよう

木になってみよう。イメージできるかな。

根は土の下にずっとのばすんだ。

幹は強くて、がんじょうだ。

枝は高くのびているよ。

なってみたい木を想像してごらん。

どんな木にもなれるよ。

葉の色も、枝の様子も、木の高さも、思いのままだよ。

できたかな？
そうしたら、木全体を見てみよう。

きみは今、どんな木になっているか、イメージできるかな。
地面にしっかりと根をはっているかな。
枝は空に向かって勢いよくのびているかな。

素敵なことばを贈ろう

好きな人のことを思いうかべてみよう。
その人が目の前にいると思ってごらん。

その人に、何か素敵なことばを贈ってあげよう。
どんなことばがいいかな。

心の中で、そのことばをそっと言ってあげよう。

できたかな？

次に、別の人を思いうかべてみよう。
今度は、あまりよく知らない人を思いうかべてごらん。
その人は、今、つらい思いをしているよ。

イメージできるかな？

目の前にその人がいたら、
どんなことばをかけてあげられるかな。

心の中でそのことばをそっと言ってあげよう。

できたかな？

息を長く吸いこんで、そのあと、全部吐いてしまおうね。

新しいものを作ろう

頭の中で、新しいものを作ってみよう。

誰も考えたことのない新しいものを作るんだ。

何を作ってみる？　ウーーーム……

どんなのができた？

どれくらいの大きさ？

何をするもの？

どんなふうに動く？

イメージの力はとっても強いから、
どんなものでも作り出せるよ。

今日やること

息を長く吸って。
そのあと、ゆっくりと全部吐いてしまおう。

背すじをのばして、まっすぐに座ったかな。

今日、これからの時間をどう過ごすのか考えよう。
やってみたいことばを探そう。

「やさしくなる」「親切になる」「人を助ける」などのことばを選ぼう。
何がいいかな。

選んだら、そのことばのようになってみよう。

そして、選んだことばを、おとなの人に言ってみよう。
「今日一日、そのことば通りにやってみるよ」って。

そのことばを忘れないようにして、がんばってみようね！

だ出そう

1、2、3で拍手(はくしゅ) ……… 52
ウサギの呼吸(こきゅう) ……… 54
顔(かお)をシャキッと！ ……… 56
体(からだ)をねじろう ……… 58
あったかいスープ ……… 61
ライオンの呼吸(こきゅう) ……… 62

「つまんな〜い」と思ったことはないかな。
ねむくなったり、すっかり元気がなくなってしまったことはないかな。

そんなときは、これから紹介するエクササイズをやってみるといいよ。
あっという間に集中力が身につくよ。

エクササイズを始める前に、背すじをのばしてまっすぐに座ろう。
それから、息を大きく吸いこんで、
そのあとで、ゆっくり吐き出して。
息は全部吐いてしまおうね。

1、2、3で拍手

腕を前に出して広げよう。

1、2、3と数えて、1回手をたたこう。

そのあと、両手をこすり合わせて、
体の中にパワーをつくり出してみよう。

両手をおなかの上に置いて、
息を長く吸いこんだあと、ゆっくり吐き出そう。
息は全部吐き出すんだよ。

もう一度、腕を前に出して広げよう。

1、2、3と数えて、1回手をたたこう。

今度は、両手をもっと速くこすり合わせてみよう。
体の中にパワーをつくり出すんだ。

胸の上に両手を置いて、
息を長く吸いこもう。
そのあと、息は全部吐いてしまおうね。

ウサギの呼吸

背すじをのばしてまっすぐに座り、じっとしていよう。

手で、ウサギの足をつくってみよう。

鼻で、ウサギのように速い呼吸をしてみよう。
クン、クン、クン、クンと息を吸いこみ、そのあと、全部吐き出すんだ。

クン、クン、クン、クン……。

もう一度。
鼻で、ウサギのように速い呼吸をするんだ。
クン、クン、クン、クンと息を吸いこみ、そのあと、全部吐き出そう。

クン、クン、クン、クン……。

さあ、両手をおなかの上にのせて、おなかの様子を感じてみよう。
おなかが動くのが、わかるかな。

鼻で、ウサギのように速い呼吸をして、
クン、クン、クン、クンと息を吸いこみ、そのあと、全部吐き出そう。

ウサギになれたかな。ニンジンをつかんで食べよう！

ポリポリポリポリ……

顔をシャキッと!

目を大きく開けて、3回まばたきをしよう。

ひじを上下に動かしてみよう。

鼻をウサギのように、ヒクヒクしてみよう。

口を大きく開けて、
あごを前後にクイクイと動かしてみよう。

舌をできるだけ長く出してみよう。

おどけた顔になれるかな。

体は動かさないで、頭をグルグルと回そう。

息を長く吸いこもう。
そのあと、息は全部吐いてしまおうね。

体をねじろう

背すじをのばして、まっすぐに座ろう。
そして、おなかをへこませて力を入れるんだ。

両手を左足の上に置いて、
大きく息を吸いこもう。

息を吐きながら、体を右に向けよう。
右の肩の向こうには、何が見えるかな。

息を吸って、吐いて。

体をさらにもう少し右に向けて、
うしろを見てみよう。

体を元にもどして、まっすぐ前を見よう。

今度は両手を右足の上に置いて、
大きく息を吸いこもう。

息を吐きながら、体を左に向けよう。
左の肩の向こうには、何が見えるかな。

息を吸って、吐いて。

体をさらにもう少し左に向けて、
うしろを見てみよう。

体を元にもどして、まっすぐ前を見よう。

体を少しゆすって、
　じっと動かずにいよう。

息を長く吸いこもう。
そのあと、
息は全部吐いてしまおうね。

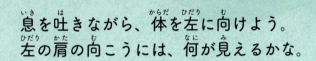

あったかいスープ

あったかいスープの入ったカップを持っているって
想像してごらん。

そのスープは熱くて飲めないんだ。

息を吸いこんで、
「スー、スー、スー、スー……スープ！」
と言ってみよう。

息を吸いこんで、言ってみるよ。

「スー、スー、スー、スー……スープ！」

右手をおなかの上に置いて。
おなかが動くのがわかるかな。

息を吸いこんで、言ってみよう。

スー、スー、スー、スー……スープ！

カップを置いて、息を長く吸いこもう。
そのあと、息は全部吐いてしまおうね。

ライオンの呼吸

ねむっていたライオンのようになってみよう。
イメージできるかな。

ちょうど今、朝起きたところなんだ。

手の指は、ライオンのツメみたいになっているかな。
そのライオンの両手を広げて、ゆらしてみよう。

息を大きく吸いこみ、
そのあと、吐き出しながら、

ハア――――― と言ってみよう。

舌をできるだけ前に突き出して。

もう一度、息を大きく吸いこんで、
そのあと、吐き出しながら言うんだ。

ハア―――――

舌をできるだけ前に突き出して。

さあ、ライオンの手をゆらしながら、
息を大きく吸いこもう。
そのあと、息はゆっくりと全部吐き出すんだ。

やれるかな？

イヤな気分をふき飛ばそう	68
子ネコの背のび	70
力を入れて抜く	72
首をゆっくりのばそう	74
肩を回そう	77
何もしない	78

どんな人でも緊張することがあるよ。
きみはそんなことはないかな。

これから、心と体がリラックスして、
ゆったりとした気持ちになれるエクササイズをしよう。
緊張したときには、とっても役に立つよ。
リラックスしたいな、と思ったときにやってみよう。
簡単にできるよ。

始めるときには、背すじをのばしてまっすぐに座り、
息を長く吸いこむんだ。
そのあと、長くゆっくり息を吐いていくんだよ。

ハア———

イヤな気分をふき飛ばそう

ごきげんななめな顔になれるかな。できるね。
本当にイヤな顔をしてみて。

悲しかったり、腹が立ったりしたら、
悲しい顔や怒った顔をすればいいんだ。

さあ、思いっきり大きく息を吸いこんで。
そのあと、息を吐きながら、
イヤな気分を全部ふき飛ばしてしまおう。

全部ふき飛ばせなかったときは、もう一度やるんだよ。

大きく大きく息を吸いこんで。いいかな。
息を吐きながら、イヤな気分は

ぜ———んぶ ふき飛ばすんだ。

はい、やってみよう！

背すじをのばして、まっすぐに座って、にっこり笑ってみよう。

にっこり！

息を長く吸いこもう。
そのあと、息は全部吐いてしまおうね。

子ネコの背のび

まず、背すじをのばして、まっすぐに座って。
指をたがいちがいに組んで両手をにぎってごらん。

そのまま、腕を前にまっすぐにのばそう。
そのとき、にぎった手を回して、
手のひらを前に向けるんだ。
手のひらは、
体からずっと離すようにするんだよ。

指はたがいちがいに組んだまま、
手のひらは前を向いているかな。

息を大きく吸って、全部吐き出して、
背中を丸めて、子ネコが背のびをするマネをしてみよう。

ニャー

おなかをへこませて、両手をできるだけ前にのばすんだ。

もう一度、息を大きく吸って、全部吐き出そう。
背中を丸めて、子ネコが背のびをするマネをしてみよう。

ニャー

手の力を抜いて、腕を少しふってみよう。

力を入れて抜く

つま先を曲げて、足に思いっきり力を入れて体をかたくしてみよう。

おなかをへこませて、腕に力を入れよう。

手をグーにして、顔をクシャクシャにしてごらん。

目は、強く強く閉じるんだ。

さあ、息を長く吸いこんだあと、全部吐いてしまおう。
そのとき、おなか、腕、手、目の力をゆっくりと抜いていくんだ。

息を長く吸いこんだかな。
いいかい、息を吐きながら、体の力を全部抜いていくんだ。

ハア————

もう一度、できるかな。

首をゆっくりのばそう

まっすぐに座って、体の力を抜こう。

頭をゆっくり右にかたむけよう。

息を吸って。吐いて。

もう一度、ゆっくりまっすぐに座ろう。
今度は、頭をゆっくり左にかたむけよう。

息を吸って。吐いて。

頭は重くないかな。

もう一度、ゆっくりまっすぐに座ろう。
頭をゆっくり前にたおしてみよう。

息を吸って。吐いて。

まっすぐに座って。
息を長く吸ったあと、全部吐き出そうね。

肩を回そう

背すじをのばしてまっすぐに座り、おなかをへこませよう。

両方の肩をできるだけ高く上げよう。
耳にくっつくかな。

息を長く吸いこんで、
そのあと、息を吐きながら、肩を下ろそう。

そして、両方の肩を回そう。

肩を持ち上げて、両方の肩をうしろに引いてごらん。
そのあと、ゆっくり下ろして、
今度は、両方の肩を前に出すんだ。

そして、大きく回してみよう。

もう一度。
両方の肩を大きく回そう。

できたかな。
最後に、肩をしばらくゆらすといいよ。

何
もしない

いつでもどこでも、「何かをしなきゃ」と思ったりしていないかな。

行かなくちゃいけないところや、
しなくちゃいけないことがたくさんあって、
みんな、いそがしそうだね。

でも、今は、何もしなくていい時間にしようよ。
呼吸さえしていれば、いいんだ。

吸って。吐いて。目を閉じてもいいよ。

吸って。吐いて。吸って。吐いて。

まとめ

今までのエクササイズを思い出してみよう。
疲れたときや、イヤな気分になったとき、
気持ちが落ち着かなくなったときには、
マインドフルネスをやってみようね。
もちろん、うれしかったときでもいいよ。

マインドフルネスというのは、
イヤな気分で心と体がいっぱいにならないように、
ちょっと止まって、今このときを感じることなんだ。
自分の心の中に注意を向けることなんだ。

そのためのエクササイズがいっぱいあったね。
雲になってみたり、子ネコの背のびをやってみたり、
クマさんの呼吸をやってみたり、おもしろいものがあったね。

訳者あとがき

　訳者はかつて、多動で衝動的な行動をする児童たちの影響もあり、全体が落ち着きのない状態になっていた小学校低学年の学級にマインドフルネスを導入したことがあります。最初は5秒間だけの呼吸法から始めました。1回吸って吐いて「1」。これを1、2、3、4、5、で「よくできたね！」。シールやスタンプを貼りつける個人記録票も作成し、毎回全員が達成できるような内容と時間設定にしました。その後、数を数えないで鼻先に意識を向ける呼吸、まわりの音や匂いを感じる、雲になってみる、など、バリエーションを広げながら毎日実施し、時間も増やしていったところ、3か月後には、全員が20分間自分の呼吸に集中し続けることができるようになりました。担任の先生は授業の合間にも取り入れたため、子どもたちは、見違えるように落ち着いて学習できるようになり、トラブルもほとんどなくなりました。

　学校では「授業に集中しなさい」などと指導者たちは言うものの、子どもたちは注意をコントロールするためのトレーニングをほとんど受けていません。大人自身も学んでいないため、子どもに対して感情的な接し方をしてしまうこともあるのではないでしょうか。

　子どもへの言葉かけが、「おしゃべりをやめなさい」などの行動を止める「制止」、「前を向きなさい」などの「指示」ばかりになっている指導者や保護者がいますが、これらはある意味、子どもの行動を否定していることであり、「やる気を出す」というような能動的な行動には結びつかないと思います。

　子どもたちが落ち着いて考えたり、自ら意欲をもって学んでいるときには、脳は能動的にはたらいています。マインドフルネスによる集中は能動的です。子どもたちが得意とするイメージも能動的です。自分の体やまわりを観察することは、多くの情報量を扱うため、脳をさらにはたらかせることになります。エクササイズを集団で楽しくやることによって、仲間意識と協力関係もはぐくまれていきます。

　マインドフルネスは、落ち着いた行動や意欲向上だけでなく、トラウマを受けた子どもたちに対しての効果も示されています。感染と闘う細胞の数が増え、免疫システムがより強くなるという報告もあります。

　このように注目すべきマインドフルネスですが、最も大切なことは、継続することです。いろいろなことを楽しくやれるエクササイズがあれば、子どもたちのモチベーションは高まっていくでしょう。この本はまさにこのような要望に応えるものとなっていると思います。この本が多くの方に活用されることを願っています。

　なお、訳者の大前は、マインドフルネスをはじめいろいろな瞑想の体験会も行っています（連絡先メールアドレス：ohmaeyasuhiko@gmail.com）。

> 著者

キラ・ウィリー　Kira Willey

キラ・ウィリーは、子どものための音楽アーティストで受賞もしています。子どもヨガの専門家であり、ロッキン・ヨガスクールではさまざまな企画の考案をしています。受賞した音楽（保護者選考において金メダル、民間音楽賞）を通して、ヨガとマインドフルネスを教えています。ロッキン・ヨガスクールはたいへん好評で、キラ・ウィリーは、参加者の前で実演したり、コンサートも行っています。子どもたちの毎日の生活にマインドフルネスを取り入れようとしている学校教師や保護者の研修会でも指導をしています。

> イラスト

アンニ・ベッツ　Anni Betts

アンニ・ベッツは、プロのイラストレーターです。いろいろな本、雑誌、広告、グリーティングカードなどで、鮮やかで楽しい絵を描いています。生まれはアメリカのイリノイ州ですが、現在、家族と一緒にイギリスに住んでいます。

> 訳者

大前泰彦　おおまえ やすひこ

1955年、和歌山県生まれ。現在、和歌山県立医科大学脳神経内科学講座臨床心理士、広島文化学園大学非常勤講師。スクールカウンセラーとして、児童生徒・保護者・教員へのカウンセリングや心身の健康に関する支援も行っている。ヨガ、座禅、各種瞑想の経験は豊富で、マインドフルネスエクササイズは、学校や病院での心理相談や大学等での講義で紹介している。翻訳書に、『おはようからおやすみまで、毎日のルーティンの中で楽しくできる！　子どものためのマインドフルネス2』（創元社）、『こころもからだもリラックス絵本』シリーズ（ミネルヴァ書房）、『マンガ　サイコセラピー入門』（共訳、講談社）、『マンガ心理学入門』（共訳、講談社）、『適応障害の解決』（共訳、金剛出版）がある。